「変だね」はホメ言葉

自分にかけた呪いの解き方

稲葉将太
(稲葉院長)

KADOKAWA

はじめに

「変だね」って言われたこと、ある？

その言葉、どう受け止めてきた？

ちょっと「嫌だな」って思ったり、
「やっぱり普通じゃないのかな」って
不安になったりしたこと、
あるんじゃないかな。

でも、そもそも「変」って本当に悪いことなの？

私も昔から「変わってるね」って
言われてきた。

見た目も派手だったし、
「歌舞伎町のホストすぎる歯科医師」
なんて呼ばれたこともある。

でもね、それが本当に自分が望んでいる姿だったかというと、
そうじゃなかった。

気付けば

「そうあらねばならない」という呪い

にかかっていたのよね。

でも、その呪いを解いたら、
世界が変わった。

今でも「変だね」と言われることは
変わらない。
でも、それが窮屈な鎖ではなく、
自由に生きるための鍵だと気づいたの。

この本を手に取ったあなたも、
もしかしたら「自分は普通じゃない」と
悩んだことがあるかもしれない。

周りにどう思われるかを気にして、
自分を押し殺したことがあるかもしれない。

でもね、もうそんな必要はないのよ。

「変」って、悪いことじゃない。
むしろ、そこにこそ
あなたの魅力が詰まってる。

この本では、「変と言われ続けた歯科医師」である院長が

どうやってその呪いを解いたのか、
どうやって「変であること」を楽しめるようになったのか、

を話していきます。

読んだ後、あなたが少しでも
「自分って悪くないかも」って思えたら、
それが最高に嬉しいです

院長より

Contents

はじめに……………………………………………………………2

第1章
自分愛思考でいこう

自己肯定感が低い人ほど称えられるべき理由………………12

「もっと自分を好きになる」なんて幻想よ…………………16

できる理由を探せる人に………………………………………20

スルースキルなんて磨かなくていいの………………………24

自分を愛してくれない人は、ポイッと捨てちゃって！……28

人に媚びて生きるんじゃなくて、自分に媚びて、
ご褒美与えまくって生きよう。………………………………32

なりたい自分と必要なものだけ持ってたら、
いつか嫌いな自分も好きになる。……………………………36

怖いと思う気持ちは我慢しなくていい………………………42

爆発ウェルカム体制、整えてこ。……………………………48

「許し」は自己成長に必要なスキルセット…………………52

ひたすら自己中でいいよ………………………………………54

下手なプライドは1円にもならない。むしろ借金。
脱ぎ捨てよう。 56

自分の欠点は直さなくていい！
それは、あなたの個性だから。 60

全力でふざける 66

何があっても「人生そんなものよ」って
笑い飛ばしていこう。 70

第2章
過去も未来も
変えられるのは自分

過去は自分で消して書き換えられる。 74

良くも悪くも、人生を変える日は突然やってくる。 80

私たちは今を生きているし、
これからも未来ってやつがやってくる。 84

これから夢を描くとしたら？ 86

理想の生き方を貫けば、それはいつか自分に返ってくる。 92

Contents

第3章
誰かに愛してもらうには?

愛は3方向なのよ 100

感謝の言葉が持つスーパーパワー! 104

日々自分が発する言葉、行動が
巡り巡って人生を支配していく。 110

家族のバランス 116

誰かを愛する時くらい、仮面を外していいんじゃない? 122

ネガティブな一面があるからこそできることもある。 126

わかんなくていい。わかろうとする努力だけしよ。 130

たぶん相手は変わらない。だからとりあえず聞こう。 134

ブスになりたくないのなら 138

第4章
自分を大切に生きるために

自分らしさは大体誰かが知っている 142

人は、挑戦しているときに最も心が安定するらしい。 146

サイコロ1回で、諦めちゃダメ。 ……150

完璧なタイミングなんていつまで経っても訪れないの！ ……156

稼ぐ力ってバカにならない ……160

笑い声の聞こえる道へ ……166

投資のススメ ……170

第5章
幸せになるために、
自分が自分でできること

幸せになるには ……174

怒りの火山が噴火した時は ……178

新たな発見は目の前にあるものよ。 ……182

孤独はいつも身近にいる。それを忘れないで。 ……186

完璧な食事はない ……190

ピンチはチャンス。逃げない選択肢も考えて。 ……194

マウンティングゴリラの倒し方 ……198

とんでもないところにアイデアは落ちている。 ……202

Contents

第6章
仲間に出会う発信論

「無関心」は最大の壁。興味を持ってもらえなければ、
好きにもなってもらえない。··········208

見た人が笑顔になるか？··········214

思ってることが半分伝われば最高！··········218

言葉の持つ重みは、予想以上。
選び方・言い方・書き方すべてに目を向けて！··········222

手放して楽になる。そしてもう1回だけ考える。··········226

もうこりごり！
映えなんかなくても、あなたは美しいもの。··········230

おわりに··········236

カバーデザイン	阿部早紀子
本文デザイン・DTP	松岡羽（ハネデザイン）
校正	松本美果（あかえんぴつ）
編集協力	シモカワヒロコ
企画編集	下方知紘

第 1 章

自分愛思考でいこう

自己肯定感が
低い人ほど
称えられるべき
理由

最近の風潮の1つにさ、
「自己肯定感を高めよう」っていうものがあるでしょ。
自己肯定感が低いと生きづらいから、とか言って。

でも院長はね、
自己肯定感は
高けりゃいいってもんじゃない、

むしろ低いほうがいい

って思うの。

私も自己肯定感が低いほうだから
「自己肯定感を高めよう」って言われるとものすごく萎える。

第1章　自分愛思考でいこう　13

ほら、いるでしょ？　ポロッと出た言葉とか、
何気ないやりとりが大炎上する人って。

あれってさ、自分のことを信じすぎて、
つまり自己肯定感が高すぎて、
「自分なら、何しても大丈夫」って
過信してるんじゃないかな。

だから自分の問題点に気付けないし、
もし誰かにそこを指摘されても
「いや、自分はすべて正しいから」
って無視しちゃうんだよね。

だからさ、自己肯定感の低い人こそ称えられるべきだって考えてる。

あなたは自己肯定感が低いんじゃない。

自分の能力や考えを過信してなくて、相手の顔や気持ちを考えられて、冷静に物事を見られる素晴らしい人だ

ってね。

人の気持ちがわからないのに、
自分のことは必要以上に信じてるような人には、
なっちゃダメだよ。

「もっと自分を
好きになる」なんて
幻想よ

美容クリニックの広告なんかでさ、

「もっと自分を好きになる」

みたいなのあるでしょ。

あれって、超難しくない？

そもそも、「もっと」って何⁉
自分が好きなのが大前提じゃん！　って思わない⁉

ただでさえ、自分のことが好きになれない時代なのに、
そんなこと言われても……って思うでしょ。
なんなら、違和感さえあるもんね。

だからね、まずは

ちょっと自分を好きになろう。

「もっと」は難しくても、「ちょっと」ならできそうじゃない？

第 1 章　自分愛思考でいこう　　**17**

「自分のことなんて、好きになれない！」
と思う人もいるかもしれない。

そんなときは、
自分自身が決めた
ちょっとした規則や約束を
守り続けてみて。

この規則や約束も難しく考える必要はなくて、
なんでもいいの。

必ず23時までにベッドに入る
駅では階段を使う
チョコを食べるのは1日1回まで
1日に1人は、いつもは挨拶しない人にも挨拶してみる
1日1回声出して笑う

みたいな、小さいことでいいから！
くだらなければくだらないほど、いいと思うよ。

で、何にするか決めたら
「今月の目標」みたいにスマホのメモに入れておいて、
達成できたらチェックを入れるの。

それを後から見返してみて。
約束を守れた自分のこと、
ちょっと好きになっていると思うよ。

あとさ、もし自分で決めた規則や約束を
5年守り続けたら、どうなってると思う？

さっきの例で言ったら、
睡眠時間は確保できて体調も良さそうだし、
階段を使ったときの消費カロリーもすごそうじゃない？

ちょっと自分を好きになるためには、

人生にちょっとした変化を与えてみてほしいの。

「自分を好きになろう！」なんて思わなくていい。
「自分でもできそうなことって何かな？」って、考えてみて。

第1章　自分愛思考でいこう　**19**

できる理由を
探せる人に

「私の人生、うまくいかないな」
「どうして、あの人みたいにできないんだろう？」
って思うこと、ない？

そんなときは、
「できる理由」を探すことを意識してみて。

院長がこれまでいろんな人と接してきてよく思うのが、

世の中の大半の人は、
できない理由を探すのが
うまいってこと。

できない理由っていうのは、

私には〇〇がないから
今はまだ〇〇する時期じゃないから

みたいなことね。

第1章　自分愛思考でいこう　　21

でもね、不思議なことに
人生が上手くいってそうな人は、
みんな「できる理由」を探すのが上手なの。
他人や他のもののせいにしないの。

何か難しそうなことがあっても、
「こうすれば○○できるかも」って、
できる理由を見つけて挑戦していってる。

もっと端的に言うなら、

自分にベクトルを
向けられている

んだと思う。

できない理由は私たちの前に
いくらでも転がっていて、
しかもだいたい、拾いやすいものなの。

そりゃあ、みんなできない理由探しが上手になるよね。
中には、できない理由を見つけるのが天才的に上手な人もいるよ。

だけど、
それに負けちゃダメ！
自分と向き合って、
少しでもできる理由がないか探そう。

第1章　自分愛思考でいこう

スルースキル
なんて
磨かなくていいの

院長が「言ってみたい〜！」と思ってる言葉の１つ。

それはね、
「他人なんて気にしないです！
自分は自分なんで！」。

言ってみたいわーーーーー！

でもね、# 絶対無理。

だって私ってこんな見た目でこんな破天荒な感じだけど、
めちゃくちゃ気にしいさん、繊細界隈の人間だから！

「他人の意見なんて気にしなくていい」って、
一見優しそうに聞こえるけど、
すごく厳しい言葉なんだよね。
だって、気にしちゃうんだもん。

「院長、Ｏ型でしょ」とか
「自由にいろいろ言ってるでしょ」とか言われるけど
ぜんっぜん、むしろその真逆だからね！

第１章　自分愛思考でいこう　　**25**

だからね、
他人の意見をスルーする力を磨くんじゃなくて

うれしい意見や
言葉だけを
100回くらい読もう！

否定的な意見は一瞬だけ見る。
自分を肯定してくれる言葉は、
何度も何度も、何度も読み返す。
それでいいと思うの。

アンチコメントばかり書いてる人や
他人を否定してばかりの人で、
幸せそうな人って見たことある？
ないでしょ？

心が豊かな人は、人の良いところを見つけられる。
逆に心が貧しいと、人のダメな部分ばかり指摘したくなるの。
あと、他人のアドバイスも全部真面目に聞く必要はないからね。

もちろん、相談したり意見を聞いたりするのはアリ。
だけど、何もかも聞き入れなくていいの。

ちょっとでも「は？　何言ってんの」って思った時点で、

そのアドバイスは丸めて投げ捨てて OK。

相手には適当に「あざーす」って言っとけばいいのよ。

たまに、求めてないのに
やたらアドバイスしてくる人っているでしょ。
ああいう人はね、ただ自分が話して気持ちいいから
あれこれ言ってくるわけ。

自分の心や脳がワクワクしないアドバイスは、
全部聞き流そう！
それに、誰かにアドバイスを求めるときって、
もうあなたの中で答えが出ていることが多いんじゃないかな？

第1章　自分愛思考でいこう　　27

自分を
愛してくれない人は、
ポイッと捨てちゃって！

悲しいけど、世の中には良い人ばかりじゃない。
表では親友のふりをして裏では悪口を言い続ける人、
他人から平気で何かを奪う人、
他人の不幸をものすごく喜ぶ人もたくさんいる。

邪悪な人は、どこまでいっても邪悪なの。

そして、その邪悪さは一生変わることがない。
子どもがいるかいないかとか、
まだ若いからとかもまったく関係ない。

だから、

そんな人にいつまでも
構っていちゃダメ！

家族だろうが友達だろうが、
あなたを大切に思ってくれない人、
あなたを愛してくれない人は、
遠慮なく見捨てていこう。

第1章　自分愛思考でいこう　**29**

あなたには、そんな人の餌食になってほしくない。
あなたを大切にしてくれない人を、
あなたが大切にする必要はないの。

あなたには、幸せになる権利があるの。
あなたが幸せに暮らせる場所は、
絶対に世界のどこかにあるの。

「人を見捨てるなんて……」って思った？
それはね、あなたが優しい人である証拠だよ。
でもね、優しければいいかっていうと、そうじゃない。

最近話題のセルフネグレクトもまさにそう。
弱い立場の人を献身的に世話をする人が、
自分自身をないがしろにしてしまっていることがある。

みんなの正義のヒーローが、
実は自分も他人も愛せない……なんて話と同じこと。

ついつい自分のことより他人の問題を解決するほうが尊く、
良いことだなんて思っちゃうけど、
実は自分を幸せにするほうが難しい。

自分の課題を乗り越えて、自分を愛して、
ようやく誰かを助ける。
それでいいんじゃないかな。

自分の過去を、今を、未来をどうするか。
何を捨てて、何を手に入れるのか。

決めるのは他人じゃない。
あなただよ。

あなた以外は、あなたじゃないんだから。

第1章　自分愛思考でいこう　　**31**

人に媚びて
生きるんじゃなくて、
自分に媚びて、
ご褒美与えまくって
生きよう。

世の中には、
「理想のお医者さん像」っていうのがあるみたい。

イマドキのイケてるお医者さんってみ～んな、
センターパートの髪型で、ブランド服に高級時計。
そして、もちろん車は外車。

でもね、**私は違うの。**
赤毛のロン毛で、アクセサリーはヘアゴムと結婚指輪だけ。
通勤は電車だし、そもそも運転免許すら持ってない！
（親から借りた教習所代で、DJのミキサー買っちゃったからね）

テレビによく出てた頃は私も
「視聴者が求める、理想的な自分の姿」を
演じてた。
メディアからは「歌舞伎町のホスト過ぎる歯科医師」なんて
言われて、それっぽい格好をしてた。

でも、疲れちゃった。

誰かの決めた型や、理想像に合わせるのって、
すごく窮屈。
だって、それは本当の自分じゃないから。

だから今は決めたの。

**自分が着たい服を着て、
自分がしたい髪型をして、
自分がしたい働き方をする。**

「普通じゃない」
「それじゃ失敗するかも」
なんて心配する人もいるかもね。
でも不思議なことに、ありのままの自分でいても、
それを好きと言ってくれる人が必ずいる。

あなたは短髪、私は長髪、どっちもステキ！
イェーイ！
それでいいじゃない？
それぞれの「好き」で生きていけたらそれでいいの。

第1章　自分愛思考でいこう　　**35**

なりたい自分と
必要なものだけ
持ってたら、

いつか嫌いな自分も
好きになる。

きっとあなたにも、
1つか2つはコンプレックスがあるよね。

院長のコンプレックスは
この面長の馬顔、長い人中、あとは長い顎！
どれも、**嫌で嫌で仕方ないよ！**

昔の話だけど、
「院長の人中で陸上大会開けそうですね！
400mトラックつくれそうなぐらい長いから」
なんて言われて、ものすごく傷ついたこともある。
でも今はそれも笑い話。

外見は変わってないけど、内面が変わったの。

今そのセリフを言われたら、
いい前振りをありがとうって思っちゃう。
笑いを1本とれることに感謝してしまうw
同じ人間なのに不思議だね。

第1章　自分愛思考でいこう　**37**

妻・ゆきさんと結婚式を挙げたとき、
結婚式の様子をいろいろ撮影してもらってたんだ。
そして式から数ヵ月後にアルバムが届いたのね。

で、玉串奉奠っていう儀式のときの写真を見てびっくり！
ただでさえ長い顎が2倍ぐらいになっちゃってた！

横並びで立ってた院長の顎と
ゆきさんの顎が奇跡的に重なって、
顎が伸びたような写真が撮れたみたい。

しかもね、この写真はアルバムのメインの写真で、
2ページ見開きいっぱいぐらいに使われてたの。
もうね、笑うしかなかったわ！

あまりにも奇跡の1枚だったから、SNSにアップしたよ。
そうしたら全国の人から「顎永くお幸せに」なんて言われて。
またそのコメントも面白くて、忘れられない思い出になったよ。

第1章 自分愛思考でいこう

以前の院長だったら、
そんな写真を見ただけでとてつもなく落ち込んだと思う。

でも今はこのコンプレックスを思いっきり楽しめてる。

SNS で発信を始めて、
みんなが「院長の顎最高」って言ってくれた。

そんなコメントを日々目にしてると不思議と、

「あれ、この顎最高？」って 自己暗示にかかる

んだよね。

もちろん、すぐに気持ちを切り替えられる人はあまり多くない
と思う。

大切なのは、まず
自分の内面と向き合うこと。
そうして、自分がどういたいのか、
そのためには何が必要なのかを、
ちょっと考えてみて。

必要なら、美容整形をしてもいいと思う。

院長は美容整形も大賛成！
整形して自分に自信が持てるようになるなら、
それは良いことだからね。

でも、ネガティブな気持ちのまま勢いでやる前に、
少し自分の心と会話してみてほしいな。

美容整形で外面が変わっても、
心までは整形できないから。

第1章　自分愛思考でいこう　　**41**

怖いと思う気持ちは
我慢しなくていい

今の時代って、本当に
いつ、何が起こるかわからない時代だよね。

でもね、だからこそ

怖いときは素直に
「怖いよ〜！」って言って
いいと思うの。

それがもしかすると、
あなたに一生使える武器を
持たせてくれるきっかけになるかもしれない。

私も怖いものだらけ。
新しいクリニックは患者さん来るのかな？
動画、誰も観てくれなくなるんじゃないかな？　とか。

他にも、家族のこと、身体のこと
挙げだしたらキリがないよ！

第1章　自分愛思考でいこう　　**43**

だけどさ、どれだけ頑張っても
「怖い！」って思わないようにするの、
無理じゃない？

だって、怖いものは怖いんだもん！

よく、
「不安に向き合うためには紙に書き出して〜」とか
「未来を予測して〜」とかって言われるけど
怖いときに冷静にそんなことできる人なんていないでしょ？

だったらさ、

もう開き直って
めっちゃくちゃに
怖がってみようよ。

頭の中にある不安を全部吐き出そうよ。

院長が新しいクリニックをオープンしたタイミングで
ちょうどコロナが蔓延してて。

もうね、本当に大赤字だった。
みんなリモートワークになって、
1日に1人か2人、患者さんが来てくれればいいほう。

これから先、どうなるんだろう？
このままだとクリニックの運営ができなくなる。

毎日怖がってばかりいたよ。
恐怖心100％みたいな感じでね。

ただ、それを1人で抱えててもしょうがないなって思って、
「怖くてヤバい！」って周りの人に話しまくった。
そうしたらある親友が、
「時間があるなら話題のTikTokやってみたら？」って言って
くれて。

第1章　自分愛思考でいこう　　**45**

当時 TikTok って大人は誰もやってなくて
学生さんが放課後に制服着て踊っているのがほとんど
みたいな時だった。

ましてや医者や歯医者、医療関係者なんて
当然誰もやってなかったよ。

今ではみんな集客や求人のために必死でやってるけど、
私はただ恐怖心を忘れるために、
白衣着て全力で踊ってただけ w

それが、今や

総フォロワー
100 万人超え！

こんなにたくさんの人に
応援してもらえるようになった！

ある意味あのとき「怖いよ〜！」って言いまくってたから、
今の院長があるんだよね。

恐怖心って現実的で主観的な感情に思えるけど、

実は、

過去の失敗した自分への後悔とか、
まだ起きてない未来への不安から生まれる
不確かで曖昧な感情なの。

だから、今も何か怖いと思うことがあったら、
「あー自分は今すごく不安で、過去一の恐怖を感じてます！」
って1人で言ってる。

そうやって声に出してみると、不思議なことに
「いやいや、大丈夫でしょ」って思えるようになるよ。

口に出すことで、
自分のことを客観視できるから。

不安って、頭の中だけで考えてるとどんどん膨らんで、
「これヤバいかも！」って必要以上に怖く感じちゃうけど、
自分の気持ちを口に出してみると、
「あ、自分、今こう感じてるんだ」って冷静になれるよ。

第1章　自分愛思考でいこう　　47

爆発ウェルカム体制、
整えてこ。

「終わった……」って思うような
最悪の日ってさ、絶対急に出てくるじゃん。
あれ本当になんなんだろうね。

院長もね、最悪なことが起こったら
「ないわーーー！」
って大声で叫びます。

もう、大騒ぎ。
冷静に……とか絶対無理。

でもね、面白いことに気付いたの。

チェーンソーを持った
不気味なマスクの殺人鬼に追いかけられる
「13日の金曜日」が来ても、
そこで終わりじゃない。
「14日の土曜日」も、必ず来るってこと。

第1章　自分愛思考でいこう　49

13日の金曜日には思いっきり叫んで、
「ないわーーー！　あの人絶対親戚に閻魔大王いるわよ！」
って大騒ぎする。
でも14日の土曜日には、仲間とBBQパーティーを開くって
私は決めてるの。

ネガティブな感情を
自分の中に溜め込んじゃうと、
どこかで必ず爆発しちゃうよ。

爆発しない人は体調を崩して、自分を苦しめることになる。
特に優しい人ほどね。

だから「ないわーーー！」って
思いっきり叫べる場所を見つけてほしい。

家族でも、友達でも、カウンセラーでもいい。
とにかく、自分の気持ちを吐き出せる場所を持っていてね。
自分のキャラがとか、周りの人の自分へのイメージがとか、
そんなことは一切気にしなくていいから！

もちろん、そういう場所を提供してくれる人への
感謝の気持ちは忘れずに。

どんなにつらくても、今まで私たちは
いろんな困難を乗り越えてきたの。
他の誰でもない、あなた自身が。
どれだけ崩れ落ちそうでも、なんとか踏みとどまってきたの。

第1章　自分愛思考でいこう　　51

「許し」は
自己成長に必要な
スキルセット

みんな、自分に厳しすぎじゃない？
「もっとできたはずなのに」
「こんなこともできないなんて」って、
必要以上に思ってたりしない？

特に真面目な人ほど、自分に矢印を向けちゃうの。
でも、それって疲れるよね。

だから自分に対して超甘々な人間になろうよ。
失敗したらまずは全力で謝る。絶対に人のせいにはしない。
だけどその後は、思いっきり自分を許すの。

自分を許せない人って、
他人のことも大切にできないんだよ。
見せかけはできても、心からは難しいの。
自分に優しくできない人が、
どうやったら他人に優しくできるっていうの？

「許し」って、自己成長に必要な大切なスキル。
自分を許せるようになると、不思議と他人も許せるようになる。
だから今日から、自分に超甘々になろう♡

第1章　自分愛思考でいこう　　53

ひたすら
自己中でいいよ

悲しいけど、時々自分より不幸な人を見て
「私はまだマシかも」って思っちゃうことあるよね。
その逆で、幸せそうな他人を見て
「どうしてあの人ばっかり……」って思うこともあるし。

でもさ、自分より幸せそうな人を見て
「良かった！」って思える人なんている？
自分がどうしても手に入らなかったものを持ってる子を見たら
正直、ひがんじゃわない？

だから、
わざわざ他の人を見るのはストップ！
永遠に自撮りしよう！
ひたすら自己中でいよう！

これってただの自己中ってことじゃない。
昨日の自分を今日の自分が超える。
先週の自分より、今週の自分。
そうやって、少しずつでも自分を引き上げていくの。
さぁ、今日も「自撮り」しよう。
昨日の自分と今日の自分、どこが違うかな？

第1章　自分愛思考でいこう　**55**

下手なプライドは
1円にもならない。

むしろ借金。

脱ぎ捨てよう。

生きていく上で、
仕事や自分自身へのプライドを持つことって大切。
だけど、下手なプライドばかり持っちゃうと、
自分の成長を阻害しちゃうの。

院長がまさしくそうだった！
時は2018年、インスタ映え全盛期の頃。
みんなが高級な料理やブランド品の写真をたくさんアップし
て、いかに自分の人生が最高か？　を見せびらかしてた。

院長も当時は「歌舞伎町のホスト過ぎる歯科医師」っていう
キャッチコピーで、テレビ出演をしていたのね。
ゴールドのアクセサリーなんかもいっぱい着けてたよ。

で、番組で私のインスタの画面も一緒に映って。
そのとき、なんて言ったと思う？
「稲葉はブランド品、脱いでも裏切らない」だよ！

これはね、ブランド品のコートを脱いでも、
まだゴールドのアクセサリーみたいな
高級品を身に着けてますっていうアピールだったの。
キモいでしょw

第1章　自分愛思考でいこう　57

今思えば、完全にいらないプライドを持ってたと思う。

自分に自信がないから、
見栄や虚勢を張ってたんだよね。

その頃はテレビを観てとかインスタを見て
クリニックに来てくれる患者さんなんて一人もいなかったの。

今ではあんなに奇々怪々なSNS発信なのに
世界中から何千人もの患者さんが
院長に診てほしいって来院してくれる。

たぶんね、それは私がどう見えるかという発信をやめたから。
「みんながこの発信を見た時に何か得るものはあるかな」って
ことしか考えてないもの。

どれだけプライドを持っても、
ブランド品で見た目を着飾っても、
中身が伴っていなければ
生き方はペラペラなまま。

**自分が成長して、
何かを少しずつ成し遂げて、
中身もブランド品にならなきゃね。**

あなたは着飾らなくてもステキなの。
自分自身がブランド品になれれば、
アクセサリーがヘアゴム１つでも十分！

第1章　自分愛思考でいこう

自分の欠点は
直さなくていい！

それは、
あなたの個性だから。

・整理整頓
・予定を覚える
・論理的にわかりやすく話す

これ、何だと思う？

実はね、ぜ～んぶ院長が苦手なこと・できないこと！
まだまだこんなもんじゃないよ、
スタッフの子に聞いたらあと100個ぐらい出てくるかも。

きっとあなたにも、
苦手なこと・できないことがたくさんあると思う。
コンプレックスもそう。
そしてきっと、それを
「どうにかしたい！」って努力したこともあるよね。

そんなあなたに聞きたいんだけど、その努力って実った？
何か1つでも苦手なことが得意になった！　って経験、ある？
あったら教えてほしいよ！

苦手なことを得意にするって、大変なことだよね。
ものすごく時間と労力がかかる。

しかも、努力しても人並みにもなれない可能性があるじゃない？

だから、院長がやっているのは、

「得意科目120点作戦」。

30点しかとれない
苦手なことは放っておいて、
得意なことをさらに磨いて
120点にするの。

得意なこと・好きなことなら、いくらでも取り組めるでしょ？
それなら、常に自分のピークを保ち続けられるでしょ？

こう言うと、「自分の欠点を直すのが嫌で逃げた」って
感じがする人もいるかもしれない。

だけど、それって別に
悪いことじゃないと思うの。

今ってものすごく価値観が多様化してるよね。
どの価値観が正解でどれが間違ってる、
っていうことはないけど、
それでも人が100人いたら、100人とも違う価値観を持ってる。

そんな環境で、

すべての人に100%共感してもらうとか、全員に自分のことを好きになってもらうなんて絶対に無理！

私のSNS見て嫌いだって思う方、
5,000万人くらいいると思うのw
でもなぜか好きになってくれる人たちも同じようにいるの。

共感は生きていく上で必要なことだけど、
過剰になると自分を追い込んじゃったり、
相手に過度な期待をさせちゃったりすることもあるから。

第1章　自分愛思考でいこう　　63

だから、自分の個性や
自信を持ってできることだけを
どんどん伸ばそう。

そして、
それを「いいね！」って言ってくれる人を大切にしよう。

自分にできないことが
得意な人と協力して、
もっと大きな結果を出そう。

「得意なことなんて、ない！」って思う人！
あのね、それが正解よ。

偉そうにいろいろ言ってきたけど、
院長だって「得意なことは何ですか？」って言われたら
パッと答えられないもん。

そんな人は、仲の良い人や身近な人にこうやって聞いてみて。
「私って、何か得意なことあるかな？」って。

人間は意外と、自分の能力や個性を客観視するのが苦手。
周りの人に聞いてみると、
思わぬ「得意」を見つけられるかもしれないよ。

家族や友人を通して初めて気付く自分の強みもあるの。

だから自分の得意や個性を知りたかったら、
他の人に聞いてみて。
真剣に考えてくれる人は、きっとたくさんいるはずだよ。

第1章　自分愛思考でいこう　　65

全力でふざける

24 時間 365 日、真面目でいる必要ないよ。

むしろ、オフの日は思いっきり
バカになろう！

よく見かけるの。
真面目で向上心のある人が、
オンの時もオフの時も
周りの意見を全部取り入れようとして
つぶれそうになってること。

第1章　自分愛思考でいこう　67

でもね、人として過ちを犯さず
周りの人に迷惑をかけなければ、
常に真面目でいる必要はないの。

院長はね、診療中は超真面目。
でも、仕事を離れたらとことんバカになる。

いつもアップしてる動画も、
「診療の合間に撮影ですか」とか言われるけど、
なめんじゃないわよとw

これだけたくさんのファン、フォロワーがいて
そんな中途半端な気持ちで
撮影してないの。
撮影日をつくって、全力でふざけてるの！

だからこそ私の愛や想いは伝わるはず。
そういうメリハリこそ、
毎日を楽しくしてくれる大事なもの。

さぁ、思いっきり
バカになろう！

中途半端に
人生取り組むなんて
もったいないもの！

何があっても
「人生そんなものよ」
って笑い飛ばしていこう。

ちょっと前に観た海外の動画で、
タトゥーを彫っている人の様子を映しているものがあったの。

ずっと観てたら、
施術を終えたお客さんが突然笑いだして。
なんだろう？　って思ったら、
彫り師がスペルミスしちゃったんだって！

お客さんが彫りたかったのは、「Everything is fine」。
だけど彫り師さんが彫ったのは、
確か「Eveything is fine」だった。

「Everything is fine」って
「すべてはうまくいく」みたいな意味なのに、

もういきなりうまくいってないじゃん！

って、大笑いしてたみたい。

タトゥーなんて一度彫ったら直すのが難しそうだから
ミスをされたら怒っても全然不思議じゃないでしょ。
なのに、笑い飛ばせるなんてすごいよね。
なんて懐の深い女性なんだろうって思ったよ。

第1章　自分愛思考でいこう　　71

同時に、

完璧なもの
完璧なタイミングは
存在しない んだって感じた。

人生でどんなことが起こるかわからないけれど、
だからこそ何かあっても
「人生ってそんなもの」 って
笑い飛ばしたいよね。

第 2 章

過去も未来も変えられるのは自分

過去は
自分で消して
書き換えられる。

きっとあなたはこれまで、たくさんの失敗や挫折をしてきたと思う。

「今日忘れ物しちゃった」ぐらいのレベルもあれば、
「もう二度と、思い出したくない」ぐらいのこともあると思う。

でもね、その過去って後からどうとでもなるの。

大半の人は、挫折して折れたままだと思う。

院長もね、実際めっちゃ挫折してるの。
もう、ポキポキよ！

第2章　過去も未来も変えられるのは自分　75

院長が今でも忘れないのが、
26歳で初めて医院をオープンした日のこと。
クリニックに誰も来なかったの。スタッフもよ？

院長歴0ヵ月の私はオープンの前々日に、
「リーダーとはこうあるべきだ」的な本から学んだ
スキルを披露。見事に4人中3人が退職。

相当嫌なやつだったんだろうね！

で、残った1人に「じゃあ明日は一緒に頑張ろう！」
って言ってたのに、
オープン当日の朝に「体調悪いので休みます」なんて連絡が来
てさ。

結局、スタッフは誰も来なくて、
オープンから4日間は院長1人きりだった。
しかも、患者さんも0人だった。
開院時間の朝10時から夜8時まで、

ずーっと1人。

失敗した、って思った。

東京の中心地で、自分には厳しかった
なんてネガも入っちゃってね。

オープンから4日間は本当に毎日、
不安でどうにかなりそうだった。

5日目にたまたま、近所のおじさんが
患者さん第1号として来てくれたんだ。

**今でもその方の名前も顔も、
何話したかも鮮明に覚えてる。**

でも今はどうなってるか？

日本中からたくさんの患者さんが来院してくれて、
歯科衛生士の求人倍率も 100 倍を超えてる。

つらい失敗の過去のはずが、
現在では笑い話としていい思い出に変わっている。
タイムマシーンで過去に戻ったわけじゃないのにね。

過去は書き換えられるんだ。
そして未来につながる。

そのときは失敗だと思うことも、
その先に成功があれば、その失敗も成功体験の1つになる。

過去のすべての経験が
自分をつくってくれる。

だから、どんな経験も自分の糧になると思ってね。
人と違う経験をしたからこそ、つくられる自分もあるから。

良くも悪くも、
人生を変える日は
突然やってくる。

院長にはね、相方がいたの。
学生時代にバイトしてた焼き肉屋で出会った、同い年の男の子。

シフトが一緒だった日の帰りに
彼が私を家まで送ってくれたんだけど、
そのときたまたま車内でかけてくれた曲が、
私の一番好きな曲で。
音楽の趣味が一緒だとわかって、
一気に意気投合したっけ。

彼とはそのあと、一緒に音楽活動もしたの。
音楽の相方であり、ビジネスパートナーであり、
戦友であり、親友だった。

数えきれないくらいのイベントに出演してさ、
自分たち主催のイベントで
海外の有名アーティストも多数ブッキングしたりもして。

顔も性格もこれまでの人生も全然違ったけど、
「この人は一生の相方だ」って本気で思ってたんだ。

第2章　過去も未来も変えられるのは自分　**81**

でもね、彼はある日突然、失踪しちゃったの。
イベントが終わった明け方5時、
その日の売上金を全部持って。

そのお金でイベントの会場代とか、
ゲストやスタッフのギャラを払う予定だったから
もう、大変で。

結局、必要なお金はスタッフや家族に借りて、
なんとか間に合わせた。
借りたお金は何年もかけて返したよ。

当時は絶望と怒りでどうにかなりそうだったよ。

でもね、そのときふと思ったの。
「これからは音楽じゃない、真逆の道に行こう」って。
それが本気で歯医者になろうと思ったきっかけ。

彼の失踪がショックすぎて、
頭おかしくなってそう思ったのかもしれないけど、
本当にふと、そう思ったの。

もし今、一番会いたい人は誰？　って聞かれたら
迷いなく彼の名前を出すよ。
本当にもう一回会って、話したい。
それぐらい、私にとっては
彼との出会いが人生のターニングポイントだった。

だけど、反対にあの日彼が失踪したからこそ、
今の私があるんだとも思う。

良い意味でも、悪い意味でも

「まさかこんなことになるなんて」
と感じる日は訪れる。

そしてその日は、人生を大きく変える日なのかもしれないよね。

第2章　過去も未来も変えられるのは自分　　83

私たちは
今を生きているし、

これからも
未来ってやつが
やってくる。

院長が一番楽しいなと思うのは、
人と未来のことを話しているとき。
仕事の話でも、旅行の話でもなんでもいいんだけど
とにかく、これからのことを話しているときはすごく楽しいな。

逆に、あまりしないのは過去の話。
過去の思い出話とか、武勇伝ってすごく盛り上がる。
同窓会に行くのもそうだよね（たまにはいいのよ！）。

だけどそれって結局、
もう終わったことを延々と振り返ってるだけなんだよね。
新しく得るもの、できることが何もないの。

過去に生きてる人は、
過去に自分がいかにすごかったかを語る。
未来に生きてる人は、
自分の現在挑戦してる話や、夢を語る。

だからそういう過ぎ去った話は、
もう少し人生を生きてからにしようと思うんだ。
私たちは、今を生きてる。
素晴らしい未来がこれから来るの。

第2章　過去も未来も変えられるのは自分　85

これから
夢を描くとしたら？

「あなたの将来の夢、目標って何？」
そう聞かれたら、私はこう答えます。

「10年後、
みんなが歯医者さんを
ちょっとだけ好きになってること！」

今、歯医者恐怖症の人ってたくさんいるの。
歯医者って、日本の多くの人にとって
「なるべく行きたくない場所」なんだよね。

わかるよ、それ。
私も虫歯いっぱいあったし、
歯医者さんに行くのが嫌だった人間だから。

でも今、歯医者になって改めて考えてみると、
自分の職場が「行きたくない場所」って言われると
めっちゃムカつく！　ふざけんな！って思う。

歯科業界を変えて、
絶対、その考えも変えてやろう！　って思うんだ。

だけど、他人の固定観念は簡単には変わらない。
だから、まずはSNSを通じて
「歯医者ってそんな怖くないかも」
って感じさせたい。

そんな訳で、院長の分身が
みんなのスマホに
年中無休でお邪魔して、
歯医者を身近に感じてもらう
ところから始めてるの。

最近は本当に少しずつだけど、
歯医者に行くきっかけになれてるのかもって感じ始めてるよ。

このまま、歯医者さんが美容院ぐらいの感覚で
行けるような場所にできたらって思ってる。

これが私の未来の目標。

途方もない夢だけど、叶えてる未来の自分も同時に想像できる
んだ。

私たちが想像できる未来は
必ず叶う可能性があると思うの。

第2章　過去も未来も変えられるのは自分　89

未来が見えないとか、夢や目標がないとか、
よくコメントに書いてもらうけど、私だってなかったよ！

ここ数年で、やっとちょっとずつ見えてきたの。

それにね、

夢や目標なんて
変わり続けるものだから、

幻のようなものでいいと思うよ。

生きてく中で、
誰かの言葉、
ドラマのワンシーン、
素晴らしい景色、
何気ない日常から、
ふとやりたいことが見つかると思う。

ただし、

見つけようとする気持ちは
いつも持っていて！

そうじゃないと見逃しちゃうから。
何歳になっても、自分に問いかけてね。

5年後、10年後。
たった1年後の未来でも。

自分は誰と
どこで
何をしていたいか

その再確認はしていきたいよね！

第2章　過去も未来も変えられるのは自分　91

理想の生き方を貫けば、
それはいつか
自分に返ってくる。

「過去は書き換えられる」って言ったけど
貫いたほうがいいものもあるの。

それはね、
あなたの生き方。

なぜなら生き方は、
あなたをあなたの理想とする世界に
連れて行ってくれるから。

院長が貫いている生き方は、
「誰かを幸せにする」

っていうこと！

カッコつけた言葉に聞こえるかもだけど、

誰かを笑顔にできたら
ハッピーで
自分が気持ちいいんだ。

だからある意味自分のためなんだよね。

あのマザー・テレサもね、慈悲の行いをしたときに、
脳内で「ご褒美ホルモン」みたいなものが分泌されてたって
言われてるんだよ。

それを得るために施しをしていたわけじゃなくて、
プラスアルファのご褒美みたいなもの
なんだと思うけどね。

もう15年以上前、
院長がDJとして音楽活動をしていた時代に
この生き方を選んだの。

当時はSNSもあまり浸透してなかったし、
自分より知識や経験がたくさんある人も山ほどいて。
「どうやって目の肥えたお客さんを喜ばせようか？」って
ずっと考えてた。

それを考え続けてるうちに
「自分の脳内で生まれた
アイデアや妄想力で
誰かを笑顔にしたい！」っていう
マインドセットになっていったの。

今、夜道を奇々怪々な服装で爆走してる動画とかさ、
変顔で歯の話をするみたいな動画を発信してるのも、
その延長線上にあるのかもしれない。

第2章　過去も未来も変えられるのは自分　　95

それでね、

自分の生き方を
貫いていると、
自然と自分を
応援してくれる人も
出てくるんだ

ってわかってきた。

自分で言うのも変かもしれないけれど、
本当にたくさんいるの。

「歯医者が大嫌いだったけど、院長のSNSを見て、
恐怖心が少し消えました」

とか、

「最初は院長が大嫌いで、
顔、長っ！　人中長っ！　って思ってました。
でもだんだん人中の長さまで好きになって、
10年ぶりに近所の歯医者に行けました」

ってコメントをくれるフォロワーさんがね。

それって本当にありがたいことで、
私のほうがお礼を言わなきゃいけないレベル。

今どき歯医者さんなんて、
100mごとに4、5軒はあるって言われてるんだよ？
その中で、私の言葉を信じてくれる人がいることに、
感謝しかないよね。

第2章　過去も未来も変えられるのは自分　　97

あなたにも、きっとあるはず。

変わらない想い、
譲れない生き方がね。

それはなんのため？　誰のため？
それを貫いた先には、
どんな未来が待ってる？

1つの生き方を貫き続けるのは
勇気のいることかもしれない。
だけどそれが揺るぎないものであれば、
あなたの理想は必ず実現するよ。必ずね。

第 3 章

誰かに愛して もらうには？

愛は
3方向なのよ

「愛する」「愛される」って何だろう？
どんなことを指すのか。
それって人それぞれだよね。

院長の場合は、「愛する」とは
「相手の喜んでいる顔を想像できること」
かな。

そして、
相手の笑顔のために自分が何か与えたい。
そう心から思えるのが愛なんじゃないかなって。

じゃあ反対に「愛される」とは、、、

必ず愛されるための法則なんて
存在しなくて、
「愛する」ことを繰り返し、
誰かが私たちを愛するのをただ待つしか
ないのかもしれない。

だって愛はお互い与え合うものだから。
半分は相手次第ではあるからね。

でも、愛の待ち構え方はちょっと工夫してもいいかな、
って思う。

愛されてないな、と感じたときに
「自分は運が悪くて、こんなにも献身的に尽くしてるのに、
愛されないなんて、可哀想」
と思ってない？

可哀想と思ってしまっていたら、
自分の中に巡る愛、つまりは自分を愛する愛がなくなっちゃう。

相手に愛を与えるのって、パワーがいることなの。

だから、
嫌われないために頑張るんじゃなくて、
自分のために努力をしよう。

自分を愛することは、
相手を愛する原動力になるんだよ。

第3章　誰かに愛してもらうには？　103

感謝の言葉が持つスーパーパワー！

あなたには、信じてくれる、応援してくれる、
好きで推してくれる人っている？

わざわざ「あなたを信じてます！」って言う人は
なかなかいないかもしれないけれど、
仲良くしてくれる友達、家族、恋人、職場の人……
自分を信じてくれる人、大切にしてくれる人って
たくさんいると思わない？

もしそういう人の顔が思い浮かんだら、
ぜひ感謝を直接言葉で伝えてほしいな。
LINE とか DM とか手紙の文章じゃなくて、直接ね。

そりゃ、文章でも悪くはないと思うよ。
言葉で伝えるのって、小っ恥ずかしいしね。

でもね、文章って相手と自分とで受け取り方が全然違うの。
そんなちょっとした差が、思わぬすれ違いを生んで
自分の気持ちが全然伝わらないとか、
真逆の伝わり方をしちゃうことだってあるから。

第3章 誰かに愛してもらうには？ 105

たとえば実際にあったんだけどね、
「😂」っていう絵文字、
みんなはどんな時に使う？

院長は「笑い泣き」をしてる絵文字だと思ってて、
「今日マジで笑えた😂」
みたいな感じで使ってたのね。
でも私の母親は
「今日はインフルで熱40度です😂」
っていう使い方をしてたの。
「親友が亡くなっちゃって😂」って
使ってるときもあった！

で、そんなときに笑い泣きするなんて
さすがに不謹慎でしょ！　って言ったら、びっくりしてて。
本人には「号泣してる顔」に見えてたんだって。

母にとってはこの「😂」の絵文字は
ものすごく悲しい気持ちを表すものだったんだよね。
院長的には「笑い泣きしてる顔」にしか見えないから、
私と母親はお互いすごい勘違いをしていたってことだよね。

これって他にも似たようなことがあって。
相手のメッセージに絵文字が入ってないと
怒ってるように感じるって子もいるし、
笑っている様子を表す言葉にも
(笑) とか「草」とか、「w」みたいに
バリエーションがあって、どう感じるかが
世代によって全然違ったりする。

文章って便利だけど、
思わぬ誤解を与えてしまうこともある。

だから
言いにくいことほど、
直接言葉で伝えてあげてほしいの。
できることなら対面でね！
感謝とか、愛する気持ちとかなら尚更。

第3章　誰かに愛してもらうには？　　**107**

「ありがとう」って、
口にしたら 0.2 秒ぐらいの言葉かもしれない。

けれど、「ありがとう」って言うときの
表情とかその人の目の横の小じわとか、
声の大きさとか、いろんな情報があるわけ。

それだけで、
言葉は何倍ものパワーを
持つんだよね。

過去も現在も、そして未来もきっと人生は忙しい。
なかなか親や兄弟に会えない、
時間がつくれないという人も中にはいると思う。

でも、だからこそどんな一言でもいいから、
会って直接言葉を伝えたほうがいいよ。

あなたが忙しいってことは相手も理解してる。
そんなあなたが時間をつくって会ってくれた。
ありがとうを言ってくれた。

その1回のありがとうは、
LINEのありがとうスタンプ1,000個分超え。

時間がなくて……と言い訳せずにやってみて。
感謝や愛を伝えることは、時間よりもずっとずっと大切だから。

日々自分が発する
言葉、行動が

巡り巡って
人生を支配していく。

院長がよく意識している言葉は、

人生喜ば関ヶ原！

「人生喜ばせ合戦」 っていう言葉を、
院長流に表現してみたの。

人生は人を喜ばせた数だけ、
自分も喜ばせてもらえる
っていう意味ね。

ほら、旅行とか行ってお土産買ってきて、
職場の人とか家族にあげたりするでしょ。

そのときにさ、無表情で
「ありがとうございました」って言われるんじゃなくて
「めちゃくちゃおいしかったです！　生地のサクサク感がたま
らなくてあっという間に食べ切っちゃいました！」って言われ
たら、どう？

なんだか、自分までうれしくなってこない？
「そんなに喜んでくれるなら、また何か買ってきてあげよう」っ
て思わない？

院長はまさしくそういうタイプ。
別にお礼を言ってほしいとか、感謝されたいために
お土産を買っていくわけじゃないでしょ。
だけど、相手の言動や表情、
っていうものが私を喜ばせて、
私に次の行動を起こさせてるんだよね。

結局ね、人生ってこれの繰り返しなの。

『ライフ・イズ・ビューティフル』っていう映画、知ってる？
飽きっぽくて同じ作品を2回と観られないタイプの院長が、
もう50回ぐらい観てる作品なんだけど。

この映画は、第二次世界大戦下のイタリアで
強制収容所に送られたユダヤ人親子の姿を描いた作品。
ロベルト・ベニーニっていう俳優演じる主人公が、
一緒に収容されている人たちや
自分の子どもを不安にさせないために
いろんなことで笑わせようとするの。
彼は、亡くなる直前まで、人々を安心させるために
変な動きや表情をするんだよ。

テーマは重めなんだけど、
観終わったあとは不思議と温かい気持ちになれるの。
相手を喜ばせて笑顔にすると、
希望を生み出せるんだってすごく感じた。

第3章　誰かに愛してもらうには？　113

「人生喜ば関ヶ原」も、
この映画を観たからこそ思えるようになったこと。

でもこれって、「無償の愛」みたいに聞こえて
ハードルが高く感じるよね。

正直、現代って無償どころか、
課金の愛（しかも無保証！）みたいな感じでしょ？

無償の愛なんて難しいし、私だってできない。
でも、とにかく何も考えず、
「こうしたら相手は喜ぶだろうな、笑顔になるだろうな」
くらいの気持ちでやってみようよ。

何かをしてもらえたら思いっきり喜んでみて！
それがもしかしたら、
私たちを思わぬところで救ってくれるかもしれないよ。

ただね、

どれだけ「喜ばせる」や
「笑顔にする」を頑張っても、
全然応えてくれない相手もいるのが現実。

そんなときは、迷わず退陣！

関ヶ原じゃなくて桶狭間に行って!!
桶狭間で喜ばせ合戦して!!!

家族のバランス

これは院長の話なんだけど、
両親は会社を経営していてとても忙しい人だったから、
ほとんどは祖父母が育ててくれたの。

特に祖父は、今の私を形づくったとても大きな存在。
私が高校生の時に亡くなって、
お葬式に来てくれた人が、みんな言ってた。

「あなたのおじいちゃんは、
弱い者の味方だった」ってね。

確かに院長が小さい頃、困り事や相談があって
祖父のところに来る人の姿をよく見ていたから、
祖父は本当に弱者に寄り添える人だったんだと思う。

だから、子どもながらに
「私も祖父みたいに権力に媚びずに、
弱い人の気持ちがわかる人でありたい」
って思ったことをよく覚えてるよ。

第3章　誰かに愛してもらうには？　　117

家族は私のことをいつも応援してくれてた。

母も

「周りから何を言われようが、
自分の信じた道を進みなさい。
そしてたくさんの人を救いなさい」

って言ってくれた。

今の私があるのは、
背中で人間のあるべき姿を教えてくれた祖父や、
何も言わず応援してくれた家族がいたから。
だから、すごく感謝してるんだ。

院長、「家族と仲が悪い」って人に、
ちょっとだけ考えてほしいことがあるの。

ギブアンドテイクの
バランス、どう？

家族とか恋人って、無償であなたを想ってくれる
「唯一無二の存在」。

でも、それが当たり前すぎて、
自分から相手にギブをしていないことに
気付けないことが多いの。

だから、もし「そうかも」って思う人がいたら、
このページをめくるまでの間でいいから、
一瞬考えてみて。

「愛してくれてるな」と感じることがあったら、
ちょっとだけそれをお返しする気持ちをつくってみてほしいな。

第3章　誰かに愛してもらうには？　**119**

ただね、

家族だから絶対に一番大事にしなきゃいけない、
愛さないといけないかっていうと、
「必ずしもそうでもない」
とも思うんだ。

この本を読んでくれている人の中には
「親が毒親だ」とか、
「親ガチャ外れた」って感じてる人もいるかもしれない。

一方で、
「生んでくれた親だから」「育ててくれたから」っていう理由で、
うまく距離を置けない人もいるんじゃないかな。

院長は、

あなたを愛してくれないなら
家族でも離れていいと思う。

ある程度年齢を重ねてくると、
家族以上に長い付き合いになってる友達もいる。
誰かと結婚すれば、親以上に長い時間を過ごすことになる。

人が持つパワーって限りがあるから。
日々いろんなことをしなきゃいけなくて
時間はないし、体力も使うし。

どうせなら、自分を大切にしてくれる人に
時間もエネルギーも使いたいじゃない？

だから、あなたのことを心から愛してくれる人は誰なのか？
ちょっと考えてみてもいいかもね。

第3章　誰かに愛してもらうには？　　121

誰かを愛する時くらい、
仮面を外して
いいんじゃない?

院長、結婚して気付いたことがあるの。

誰かを本当に大切にしようと思ったら、まず

自分と向き合うことから
始まるんだって。

自分に正直になれて、ありのままの自分を
受け入れられるようになって初めて、
誰かを心から大切にできるようになるんだって。

妻のゆきさんは私にとってすごく大切な存在。
自分に誠実でいられるようになったのも彼女に出会えたから。

結婚する前の私って、かなり仮面を被ってた。
テレビでも SNS でもカッコつけてて、変顔も絶対無理！
この時は自分に自信がないから、
自分を大きく見せるために見栄を張ってたんだよね。

それに結婚なんて興味がなくて、する気も一切なかった。
結婚したら、自分より大切な人を
自分を犠牲にしてでも守らないといけない気がしてたしね。

だけど生まれて初めて、
「自分と同じくらい大切にできるかもしれない」って思ったの。
どこが、って言われると難しいんだけどね。
たぶん彼女の考え方・生き方に惹かれたんだと思う。

そうしたら、不思議と被っていた仮面が取れていったの。
彼女を大切にするために、
自分を必要以上に大きく見せる必要がないことが
わかってきたのよ。

人って誰でも、誰かと関わろうとするとき、
ついつい良く見せようとしちゃうよね。

基本はね、それでいいのよ。
だって親の前での自分、親友の前での自分、恋人の前での自分、
それぞれ違う自分じゃない？
すべて同じだったら怖いでしょ？ w
私だってそうよ。いろんな自分を演じてる。

でもね、

人生のパートナーの前では自分が一番好きな自分でいるんだよ！

ネガティブな一面が
あるからこそ
できることもある。

院長の今の相方は、マンパ姐さん。
彼女はコンビの相方であり、
戦友であり、ソウルメイトって感じの人。
もう10年ぐらいの付き合いになる親友だよ。

彼女のすごいところは、今まで出会った誰よりも
「陽」のエネルギーを放っているところ！

その場にいるだけでみんながポジティブになれるし、
悪口とか言えない雰囲気になるのよね。

いるでしょ？　人の悪口、陰口の養分に寄生してる人たち。
それと真逆かな。
私に何か良いことがあったら、
自分のことのように思いっきり喜んでくれるし。

でもそれができるのってね、
彼女が天性の明るさを持ってるからじゃないと思う。

むしろ彼女も
ネガティブな一面を持っていて、
暗い気持ちも理解できるからこそ、
相手のことをよく見て
相手を明るくする振る舞いができるんじゃないかって。

マンパ姐さんはもともと、芸能事務所でマネージャーの仕事を
していたの。
院長が初めて単独ゲストで人気テレビ番組に出演するときも
私のマネージャーとしてついてきてくれて、
ガチガチの緊張をほぐしてくれたんだ。

その時の私は緊張しすぎて
ずっと控え室の中をぐるぐる歩いてたんだけど、
「そんなに歩き回ったら靴底すり減って靴下でるよ!!」って
笑わせてくれて。
その言葉を聞いて私もちょっとだけ落ち着いたし、
同時にすごく気遣いのできる人なんだ、って思った記憶がある。

人のことをよく見ている人って、
「人の顔色をうかがっている」って言われちゃうことがあるけど
院長はそうは思わない。

顔色をうかがえる人こそ
温かい人なんだと思うよ。

ネガティブな気持ちを持っているからこそ、
人の気持ちに寄り添えるんだから。

第3章　誰かに愛してもらうには？　　**129**

わかんなくていい。

わかろうとする努力
だけしよ。

正直に言うね。

他人を完全に理解するなんて、無理！

それは、火星人を理解しようとするくらい難しいこと。
だって今ってすごく価値観が多様化しているし、
人は常に変化するからね。

私、今は東京に住んでいるけれど、
幼いときは岐阜県の飛驒地方で育ったの。
知ってる？　白川郷っていう世界遺産がある、あの場所ね。

寒いし、山しかないし、交通の便は悪いし、
子どもの頃は「田舎くさい場所だな」って思ってた。

でも今は、そこにしかない文化や
地域の誇り、伝統を継承しようとする
人々の想いに、深い愛着を感じるようになってきた。
私の価値観が、昔と今とで全然違うの。

自分の価値観ですらこんなに変わるのに、
他人の心なんて、わかるわけないよね。

第3章　誰かに愛してもらうには？　131

異性との関係に悩んでる人も多いよね。
相手の思考や行動が理解できなかったり。

プロポーズ、ハネムーン、結婚式、
始まりはイベントだらけで2人の気持ちは高められて、
周りからも祝福されてさ。

けど実際の結婚生活はここからの日常がえらく長いんだよね。

特に夫婦って、
よく「2人で1つ」なんて言うでしょ？

でも、考えてみて。
DNAが全然違う他人同士が、
愛情という名の見えない絆だけで
何十年も一緒に生きていくのって、
ものすごく難しいことじゃない？

血のつながった家族でも
わかり合えないことがあるのに、
そうじゃない人たちと
わかり合うことなんてできると思う？

私は

「自分以外の人のことを
完璧に理解するのは無理だ」って

思うようにしてる。

でもそれは、
「だからどうでもいいや」じゃないの。

だからこそ気遣いやリスペクトは必要で、
相手のことをわかろうとするべきだってことね。

夫婦は以心伝心ですべてわかり合える！
……は？　って感じ。

「夫婦だけど他人」このマインドはいつも持ってるの。
他人だからこそ、いつまでも相手を尊重する気持ちを忘れない
んだ。

第3章　誰かに愛してもらうには？　133

たぶん
相手は変わらない。

だからとりあえず聞こう。

いくら仲の良い人でも、どうしても意見が合わなくて
対立することがあるよね。

それはお互いが真剣で、
本気で向き合っているから。

ダメなことじゃなくて、素晴らしいことなの。

でもね、そんなときほど
自分の主張は控えめにして、
相手の話をとことん聞いてみよう。

なぜかって？
だって、自分の意見はもう決まってるでしょ？

むしろ知るべきなのは、
相手がなぜそう考えているのか、だよ。

対立は勝負とは違うの。
だから、相手の意見は否定しないこと。
否定されると誰だって嫌な気持ちになるもの。
まずは相手の話に耳を傾けて。

第3章　誰かに愛してもらうには？　　135

そうすると不思議なことが起きるの。

相手は自分の考えを話せることが心地よくなって、
だんだんリラックスしてきて。
そのうち「あなたはどう思う？」って、
こちらの意見も聞いてくれるようになる。

そこからお互いの意見を重ね合わせていけば、
自然と着地点が見えてくるはず。

もちろん、中には
こちらの話をまったく聞こうとしない人もいるかも。
でもそれは、その時点で
一緒に何かをつくり上げていく関係じゃないってこと。
それもまた、大切な気付きになるの。

もし、どうしてもケンカや言い争いになっちゃうなら、
「今、心に負の積み木を積んでるな」
って思ってみよう。
これは昔から院長の家でよくやってることなんだけどね。

最初は別に、ケンカしようって思ってるわけじゃないでしょ。
なのに、相手の一言、自分の一言が積み重なって、
罵詈雑言飛び交うケンカになっていく。

だからその様子を「負の積み木」だと思うの。
でね、もし何かひどいことを言ったり言われたりしたら
「ほら、今負の積み木を積み上げてるよ」
ってイメージするの。

そしてケンカの最中に、ちょっと冗談っぽく
「ほら、今3段目の積み木積んじゃったよ」って言ったり、
「ごめん、今のは積みすぎた」って言いながら
実際にジェスチャーで積み木を1つ減らす動作をしたりすると
少し冷静になれるんだ。

どんな方法を使ってもいい。
誰かと対立しちゃったときは、
とにかく相手の話を聞くことに集中してみて。

聞く姿勢で臨んで、負の積み木100個くらい
積んでくる相手なら、もう対立はやめて逃げなさい。
私たちの心が崩れる前にね。

第3章　誰かに愛してもらうには？　137

ブスに
なりたくないのなら

長年一緒にいるカップルや夫婦って、
だんだん顔が似てくるって言うよね。
実はこれ、ただの偶然じゃないの。

同じ時間を過ごすうちに、
笑うタイミングや声のトーン、
言葉の選び方まで、
お互いを見て学んでいくから。
ミラーリングみたいな感じかな。

そうすると、自然と表情筋の使い方も似てきて、
顔つきまでも似てくるんだよ。

いつも怒ってばかりの人は怒り顔に。
人の悪口ばかり言う人は、
いつの間にか意地悪そうな表情に。
頑固な人は、頑固そうな顔つきになる。

つまり、私たちの顔つきって、
心の使い方で変わっていくの。
心がブスだと、顔もブスになっていくの。

第3章 誰かに愛してもらうには？ **139**

だから、ブスになりたくないのなら、

人の良いところを見よう。
相手の笑顔を引き出そう。

そうすれば、きっとあなたも自然と笑顔になれるから。

「私の笑顔って変かも？」
「人前で笑うの、怖いな……」
なんて心配しなくていいの。

この世界に、笑顔が醜い人なんて一人もいないよ。
心からの笑顔ほど、美しいものはないの。

あなたが相手を思いやれば、
相手もあなたを思いやってくれる。
あなたが笑顔でいれば、
相手も笑顔で返してくれる。

他人は私たちの鏡。
だからこそ、その鏡に優しい笑顔を映してあげよう。

第 4 章

自分を大切に
生きるために

あなたなら1番になれる
standing in the hall of
Fame

自分らしさは
大体誰かが知っている

「自分らしさ」って、なんだろうね。

自分らしく、自分らしさを大切になんて言われるけど、
案外それは自分では見つけられないものなんじゃないかな。

だって考えてみて。
家族の前の自分、友達の前の自分、
恋人の前の自分、子どもの前の自分。
全部違う顔を見せてるでしょ？
けど、どれも自分でしょ？

全部含めてあなたなんだから、
どの瞬間が自分らしいかなんて、わからないよね。

第4章　自分を大切に生きるために

院長も昔は自分のことがわからなくて。
面長だとか、人中が長いとか、
コンプレックスばかりが目について。
SNSでも、最初はマスクで顔を隠して
カッコつけながら踊ってた。

でもある日、マンパ姐さんとふざけて撮った動画を
間違えて投稿しちゃったの。
それが思いがけず大バズリして。
「こういう姿ずっと見たかった」ってコメントがたくさん来た。

自分が隠していた部分こそが、実は一番「院長らしい」ものだったんだよね。

そしてそれを教えてくれたのは、
他でもない、
私を見てくれている人たちだったんだ。

バックパックを背負って世界を3周したって、
延々と自己分析をしたって、
鏡で自分の顔をずっと見続けていたって、
自分らしさは見つからない。

むしろ、人と関わる中で自然と見えてくるもの。
誰かと関わると、自分の役割とか、
価値観とか、他の人との違いとかが見えるから
わかることなの。

だから今、
自分がわからなくても
焦る必要なんてないよ、
大丈夫！

自分らしさは、きっと誰かが見つけてくれるから。

第4章　自分を大切に生きるために　　145

人は、
挑戦しているときに
最も心が
安定するらしい。

院長は昔、「挑戦」っていう言葉が大嫌いだったの。
昭和のスポーツアニメっぽくて、暑苦しいじゃない？

でもある時からガラッと変わって、
「挑戦」っていう言葉も、
自分が何かに挑戦することも大好きになった。

きっかけは、20歳ぐらいで読んだ本。
そこにはね、こう書いてあったの。

「人間は挑戦している時が、
最も心が安定する」

嘘でしょ？　って思ったよ。
どう考えても家のソファでNetflix観続けてるほうが
リスクもないし、安定してるじゃんって。
挑戦するほうがリスクあるし、不安もあるしね。

けど確かに家から出ないで、何もしていない人の心が
安定してるかと言われれば、そうではないよね。

挑戦って別に、
世界記録をつくるとか、
歴史的な成功を収めるみたいな
大きなことや特別なことを
するわけじゃないんだよね。

要は

無我夢中になれるような
こと、
ワクワクドキドキを
見つけ、
それにトライすること。

そして挑戦の裏には人の存在がある。
挑戦をサポートしてくれる人、応援してくれる人、
私たちの挑戦で笑顔になってくれる人がいる。
SNSならフォロワー、いいね、コメントをくれる人がいる。

挑戦したという事実や経験、コンテンツはもちろんだけど、
人とのつながり、絆が残る。

これだけは紛れもない事実。

挑戦したから不安が解消するんじゃなくて、
困難に直面して人生に迷ったときに、
「人とのつながりや絆」は私たちを助けてくれる
地図みたいになってくれるんだ。

小さな挑戦でもいい。
大丈夫、いきなり世界征服とか考えられないから！

あなたの頭の中に想像できる
未来や挑戦こそが、
きっとあなたを助けてくれる。

第4章　自分を大切に生きるために　**149**

サイコロ1回で、
諦めちゃダメ。

普段から何かを
続けていると、
ある日突然、
自分の才能や能力が
見つかることがあるの！

でも、それっていつ見つかるのか、
どんな形で現れるのかは誰にもわからないのよ。

ここで、突然ですがクイズです♡
サイコロが３つあったとして、その３つを振って、
1のゾロ目が３回連続して出る確率はどのくらいでしょう？

答えはね、**216 分の 1。**

なんでこんな話をしてるかって？
この 216 分の 1 はすごく大事なことを教えてくれるの。

これって別に
「216 回サイコロを振って、
216 回目でやっと 1 のゾロ目が 3 連続で出る」
っていうことじゃないのよね。

確率的には 216 分の 1 だけど、
10 回目で出ることもあるし、
運が良ければ 1 回目で出ることもある。

それに、1 の目にこだわらずに
2 の目、3 の目がそろうのでもいいなら、
確率はもっと上がるでしょ。

だから、
サイコロを
振り続けよう！
って話。

継続って難しいと思うかもしれないけど、
**新たな自分に出会えるって思うと
ちょっとワクワクしない？**

やることはなんでもいいのよ。
歯磨きとか、SNSの投稿みたいに、
生活の中でできることで。
ちょっとでいいの。

第4章　自分を大切に生きるために

それにね、これは**目標達成**にも
同じことが言えると思うの。
たとえば、「SNSのフォロワーを1万人にする！」っていう
目標を立てて、
そのために毎日いろいろ投稿しているとするでしょ。

じゃあ、
その数字にたどり着くのはいつ？

はっきり言ってわからないよね。
投稿を始めて1年でやっと1万人になるかもしれないし、
最初の投稿がいきなりバズって
1日でフォロワーが1万人になるかもしれないから。

何か目標があって、それを達成するために
必要な道筋とか成功率とか
細かく考えだすと
「自分には無理かも」って
思っちゃいやすいもの。

でも、

実際はやってみないと
わからない。

予想もしなかったチャンスや人との出会いがきっかけで、
違う形で成功することだってあるんだから！

細かい確率や方法に囚われすぎずに、
「私のサイコロ、どこでゾロ目がでるかな？」って
まずは一歩踏み出してみることが大切だと思うよ！

完璧なタイミングなんて
いつまで経っても
訪れないの！

「さぁ、いよいよあなたの成功する番です！
今この道を進めば、成功した人生が約束されます！
さぁどうぞ！　今です!!!」

こんな風に
言ってもらえたら、
どんなにいいことか！

まぁ現実ではそんなことなんてありえなくて、
結局私たちは前に進み続けるしかないのよね。

その先に何が待っているかは、
まったくわからないけど。

第4章　自分を大切に生きるために　　157

昔、歯学部に入学する前にDJをやっていたときのこと。

持ち時間が60分で、
絶対にかけたい曲があってね。
「フロアが一番盛り上がるときにこの曲をかけよう！」
って思って、そのタイミングを見計らってたの。

でも、結局「今だ！」っていうときが見極められなくて、
気付けば持ち時間終了の5分前。
とっておきの曲も、1分ぐらいしかかけられなかった。

人生って、案外そんなものかもね。
だって悩むことだらけじゃん、この人生。
学校卒業して、入社、結婚、子育て。
あら、気付いたらもう人生終盤みたいなね。

完璧なタイミングを待っていると、
大切な機会を逃してしまう。
気付いた時にはもう乗るはずだったバスは行ってしまってるの。

つまり、完璧なタイミングが来たときに備えて
「もっと頑張らなきゃ」
「もっと上を目指さなきゃ」って、
そんなプレッシャーを感じる必要はないの。

むしろその完璧主義こそが、あなたの可能性を狭めているかもしれないからね。

だから、来るかもわからないバスの時刻表なんか
いつまでも見ていないでさ、
自分もとりあえず駆けだしてさ、
走ってるバスの窓をノックしてほしい。

絶対に成功するタイミングかはわからないけど、
あなたはもう走りだしてるもの。
それだけは紛れもない事実なの。

第4章　自分を大切に生きるために　159

稼ぐ力って
バカにならない

「稼ぐ」って言葉、なんだかギラギラしてて
嫌だなって思う人もいるかもしれない。

でもね、これからの時代、

「自分で稼ぐ力」は
自由に生きるための
パスポートになるの。

これは「億万長者になりなさい！」ってことじゃないよ。
「1円でも、自力で稼げる力を付けてね」っていうこと。

もし、自分でお金を稼げないとどうなると思う？
お金を稼いできてくれる人に依存しないと、
生きていけなくなるよ。

依存は、自由と真逆のもの。

何かに依存すると、人生までも窮屈にしちゃうの。

「稼ぐ力」は言い換えれば、

「相手のプラスになる
何かを与えられる力」。

より多くの人にプラスを与えて笑顔にできれば、
稼ぐ力もどんどん大きくなる。

今の自分の価値を切り売りするんじゃなくて、
この先も変わらず、
あなたの価値を提供し続けられるものだと、なおいいね！

たとえば、私のクリニックのスタッフたちには
自分の価値や影響力を上げなさいっていつも言ってる。

どうしてそんなことを言うのかって？

それは、
その価値や影響力が、
その人自身を表すものだから。

どんな場所で働いていても、どんな状況にあっても、
それを積み重ねていけば、その人の中に確実に残るの。

たとえ退職して新しい道を歩むことになっても、
その価値や影響力は決して消えない。
むしろそれが、新しいステージでの武器になるの。

仕事や環境が変わっても、積み上げた経験やスキル、
そして築き上げた人間関係はあなたの価値なのよ！

第4章　自分を大切に生きるために

でも、「ゼロから稼ぐ方法なんてわからない」
っていう人もいるよね。
そういう人のほうが圧倒的に多いと思うから、そこは安心して。

じゃあ、どうやって稼ぐ力を付けるか。

まず考えたいのは、

自分はこれなら人に負けない！
ってことは何か？

全然、大きなことや立派なことじゃなくていいの。

誰よりも気持ちのいい挨拶ができる
お辞儀の綺麗さなら誰にも負けない
字がめちゃくちゃうまい

こんなことでも十分、「人に負けないこと」になる。
こんなことでも毎日、毎月、毎年続ければ、
10年後にはまったく違う自分になれるものよ。

厳しいことを言うけど、
稼ぐ力って、立派な講師のセミナーを受けたり、
ただSNSのフォロワーを増やしたりするだけじゃ
絶対に身に付かない。

いくらあなたがそういうことをしたところで、
あなたより少しでも優れている人が出てきたら、
その人が選ばれちゃうからね。

無理に資格を取ったり、
新しい仕事を始めたりしなくてもいいよ。

まずは、
あなたがあなたのままで
他人を笑顔にできる方法を探そう。

自分自身にしかない強みを見つけよう。
そして、それを磨いて稼ぐ力を付けていこう。
それが、あなたの人生の自由度をグッと高めてくれるよ。

笑い声の聞こえる道へ

院長はなぜか昔から、

「迷ったら厳しい道を選びなさい」

って言われることが多くて。

最初は小学校の担任の先生で、
その後も中学校のとき、高校の卒業式とか、
とにかく何回も、似たようなことを言われてきた。

「厳しい道を選ぶと、その先に成長や達成感が待っているから」
とか、
「困難を乗り越えることで本当の自分が見えてくる」とか、
そんな励ましのメッセージが込められていたんだと思う。

当時は「なるほど、確かに」と思っていたけど、
今聞くとね、うーんって感じ。

第4章　自分を大切に生きるために　167

今の院長は

「笑い声の聞こえる道へ」

って考えてる。

だって、人生って困難の連続でしょ。
ただでさえうまくいかないこともたくさんあるのに、
それでも厳しいほうへ行けって、大変すぎない？

厳しい道を選ぶことで、
得られるものは多いかもしれないけど
心が折れちゃったら元も子もないもの。

だから、私は
「笑い声の聞こえる道」を選ぶことにしたの。

でもね、
これは、楽な道を選びなさいって意味じゃないよ。

時には、厳しい議論があったり、
お互いの考えがぶつかり合ったりすることもある。

そんなときでも
最後には「ごめんね」って言い合えて、
また笑顔で乾杯できる。
そんな人たちと歩める道のこと。

困難は必ずあるけど、その困難を乗り越えた先に、
きっと誰かの笑顔が待っている。
そんな道を選んでいけたら、
それってすごくステキなことじゃない？

第4章　自分を大切に生きるために　**169**

投資のススメ

今の家に引っ越したときに、
某有名ブランドの最高級マットレスを買ったの。

それまでは全然マットレスに関心がなくて、
ペラッペラ、ボロボロのマットレスを使ってたのね。

でも引っ越しをきっかけに、
睡眠環境を見直そうモードに入ったの。

人生の3分の1は寝ている時間だって言うでしょ？
だから、せっかくの引っ越しだし、
ついでにマットレスも替えたってわけ。

これがね、本当にすごく良い買い物だった！
初めてこのマットレスで寝た翌朝。
「あれ？　私、4日間ずっと寝てた？」
っていうぐらいw
疲労が綺麗さっぱり取れてたの。
なぜ今まで使ってなかったんだろうって思ったよ。

第4章　自分を大切に生きるために　　171

この時から、

何か投資をするなら
自分がコントロール
できないものにしよう

って思った。

起きてる時間のことだったら、
「ああしよう、こうしよう」って工夫や投資はできるよね。
でも寝ている時間って、どうしようもないでしょ？

自力ではどうにもできない感情や時間にお金を使うのは、
かなり有意義かもなって、この買い物を通じて学んだよ。

第 5 章

幸せになるために、自分が自分でできること

幸せになるには

こんなこと言うと萎えちゃうかもしれないけど、

幸せを手に入れるには、苦労が伴うもの。

院長は、成長と幸せって、すごくリンクしていると思う。
「幸せになりたいな」って何気なく言っちゃうけど、
それって

「今よりもっと良い状態になりたい」って

ことでしょ？

だったら、幸せになるためには自分が成長して、
今よりもっと良い自分にならないといけないよね。
待っているだけじゃ、何も始まらないから。

苦労なしに得た幸せはもろくて弱い

ってこと。

第5章　幸せになるために、自分が自分でできること　**175**

たとえば、今より良い暮らしがしたいと思って、
パパ活とかギャラ飲みをたくさんしてお金をもらって、
一時的なお金で生活水準を上げたとするでしょ。

最初は快適かもしれないけど、
パパ活やギャラ飲みをやめて、お金がもらえなくなったら
その暮らしを続けていくことはできないよね。

しかも、自分には何も残らないよね。
ただただ、人のお金で贅沢してただけなんだもん。

だけど、その贅沢な暮らしが染み付いちゃってるから、
お金がないのに贅沢な暮らしを追い求めちゃうの。
一度でも贅沢な暮らしが自分の習慣になったら、
それを急にやめることはできないしね。

近道して得た幸せは一見良さそうなんだけど、
その幸せを支える自分自身が成長していないから、
あっという間に壊れちゃう。

若さは武器だし、いろんないい経験ができるのはいいけど、
ストップボタンを押せる人は少ないんだよね。

「幸せになりたい」
と思ったら、
自分を成長させよう！

どんなことでも
いいからさ！

第5章　幸せになるために、自分が自分でできること

怒りの火山が噴火した時は

「怒ったら6秒我慢すれば、
怒りは半減します」

なんて言われても……

え？　6秒？
そんなのできるわけないでしょ！

怒りって、理性で抑えきれないくらい強い感情。
どうにか抑えよう、落ち着こうとすると、
余計にイライラ・モヤモヤしちゃうよね。

第5章　幸せになるために、自分が自分でできること　179

だからね、怒りが込み上げてきたら、頭の中でこう唱えて。

「さーて、
来週のサザエさんは？」

そして、3つのエピソードを勝手に想像してみる。
「波平、散髪に行って大失敗！」
「カツオ、今日もやらかした！」
「ワカメちゃん、今日も丸見え！」ってね。

バカバカしいでしょ？　でも、それが狙いなの。

怒りに支配されていた頭の中が、
いつの間にか磯野家に占領されちゃう。

「じゃんけんぽん！」が終わる頃には、
最初の怒りなんてどうでもよくなってる。
これは、焦りとか悲しみにも有効だよ。

磯野家は偉大なの。

興奮する感情とは正面から闘うんじゃなくて、
別の世界に逃げ込んじゃえ。

第5章　幸せになるために、自分が自分でできること　　**181**

新たな発見は
目の前にあるものよ。

院長が好きな言葉の1つに、こんなものがあるの。

「下を向いていたら、
虹を見つけることは
できないよ」

これは、喜劇王・チャップリンの言葉なんだ。

院長はよく
「スマホをしまって、
15度上を向いて歩こう」
って言うんだけど
実はこの言葉からインスピレーションを得た言い回しなの。

第5章　幸せになるために、自分が自分でできること　183

歩いてる時、電車待ってる時、みんなは何してる？
気付くとついつい下を見て、スマホ触っちゃわない？
ふと周りを見渡すと、みんなスマホスマホスマホ。
ちょっと異常な景色だよね。

毎日とは言わないから、
たまにはスマホから目を離して、
15度上を向いて歩いてみようよ。

毎日通っているはずの道にも、絶対に発見があるから。
「あのビルの5階にあんなお店あったっけ？」とか、
「今日は空がめちゃくちゃ綺麗だなあ」とか、
「あの雲、珍しい形だなあ」とか、
そういう小さな発見がね。

その景色って、
スマホを見ている他の人には見えない景色なの。
ちょっと上を見るっていう行為が

あなたの心に少し余裕をつくってくれて、
だからこそ気付ける景色なの。

院長はね、この「15 度上を見る」っていうことをして、
すごく雰囲気の良い喫茶店を見つけた。

本当にたまたま見つけて行ってみたら、
お店の空気が気に入って。
今はすっかり常連。

うまくいかないことがあって、
LINE の返信も溜まってて、
そんなときはいつもあえてスマホ見るの
やめる。

15 度上を向いて見える雲の動き見てたら、
何焦ってたんだっけって。

スマホを見ていたら、
画面上の SNS で「いいね」はできる。
だけどスマホを見なかったら、
もっとたくさんのリアルに「いいね」と思えるんだ！

第 5 章　幸せになるために、自分が自分でできること　　**185**

孤独は
いつも身近にいる。
それを忘れないで。

「孤独を愛しなさい」なんて言葉を
よく見かけるけれど、
実際はそんな簡単な話じゃないよね。

だって、寂しいものは寂しいんだもん。

どんなにポジティブに考えようとしても、
その孤独感が心に重くのしかかる瞬間って、
誰にでもあるんじゃないかな。

実は、深い孤独感は
免疫系を弱らせるの。

肥満や高血圧の 2 倍もの致死率がある
という研究も存在してる。
知ってた？

第 5 章　幸せになるために、自分が自分でできること　　**187**

孤独は放っておくと
心の痛みになって、
どんどん心身を弱らせて
しまう。

私が一番孤独を感じたのは、かつての相方を失ったとき。
家に引きこもって誰とも話さない日々が続いて、
どんどん心が重くなっていくのを感じていたっけ。

今ってコロナ禍もあって、
SNS やオンラインミーティングの普及で人との直接的な接触が
少なくなってきているじゃない？

孤独も
より蔓延してる気がするの。

だからね、寂しさを感じたときは誰かと話してほしいの。
友達でも、家族でも、プロのカウンセラーでも誰でもいいから。

誰かを頼ることに遠慮はいらないよ。
あなたの心が、少しでも軽くなりますように。

完璧な食事はない

15年前くらいかな？

ある日、日本の食卓に
突如彗星のごとく現れた
バーニャカウダ。

今では当たり前のように浸透してるけど、
こういう「突然流行って定着した料理や食材」って
他にもたくさんあるよね。

これってやっぱり、

SNSやネットが普及して、
世界中の情報がすごいスピードで
入ってくるから

なんだと思う。

第5章 幸せになるために、自分が自分でできること　191

食事の流行や健康法についても同じだよね。

SNSで栄養学の先生や医者、
ジムのインストラクターが各々の価値観で
独自の食事法を発信してるから、
ある人には糖質は正義だけど、また別の人には悪で。

私も玄米ってビタミンB群やビタミンEが多くて、
食物繊維も白米に比べて豊富って教えてもらって、
半年くらい試してたの。
でもなんか、倦怠感や肌荒れが微妙にあって。

まさか玄米が原因なんて思ってもみなかったんだけど、
食べるのを止めたらピタッと治ったの。

これも玄米が悪いとかじゃなく

私には合わなかったということ。

要はあなたに合うか合わないかがすべてで、
全員に当てはまる
最強の食事ルーティンなんてないのよね。

自分の身体の様子って自分しかわからないの。
自分の健康は、自分で守るの。

歯も同じ。
よく患者さんから院長はチョコとか甘い物は食べないんですか？
なんて聞かれるけど、チョコはむしろ大好き！

虫歯菌はね、食べ物の糖質を餌にして酸を出すの。
その酸で歯が溶けて虫歯になるんだけど。

確かに甘いものは糖質多め。
でも甘い物が好きな人は必ず虫歯になるかというと
まったくそうじゃなくて。
そもそも虫歯菌が少なかったり、
唾液の成分が虫歯に対して強力だったり、
口の中は100人いれば100人とも異なるの。

これってなんだか
生き方と似てると思わない？

すべてのアドバイスや手法を取り入れないで、
あなたのやり方でいいのよ！

第5章　幸せになるために、自分が自分でできること　193

ピンチはチャンス。

逃げない選択肢も
考えて。

40度近い熱で、意識が朦朧としていた日のこと。
生放送のニュース番組に
リモート出演することになって。

普通なら、お断りするはず。
でも、その時の院長は

一瞬の迷いもなく「YES」と答えていた。
で、本当にそのまま生出演したの。

後から冷静になって考えてみると、
「私、そんなことしてた!?」ってびっくりした。

きっと、自分のなかにある
「歯科業界を変えたい」っていう強い思いとか、
私が断ったら他の歯医者さんが出演してしまうとか、
様々な思いが意識朦朧な私の脳内を駆け巡り。

歯科業界を変えるっていう夢が
一歩遠ざかるかも、っていう思いが
背中を押してくれたんだろうね。

第5章　幸せになるために、自分が自分でできること　　195

だから、体調が悪くても
無意識で引き受けたんだと思う。

人生には、
思わぬタイミングで
チャンスが
訪れることがある。

そのタイミングが予想外すぎると、
体調が悪いとか、まだ準備が足りないとか、
自分にはまだ早いとか、
いろんな理由をつけて逃げ出したくなるよね。

でも、チャンスは思わぬ瞬間に巡ってくる。

本当に大切なことのために進むべきときは、そんな理由は全部無視しちゃえ。

あなたが引き受けなかったら、
チャンスは
あなた以外の人のところに
簡単に逃げちゃうんだ。

マウンティングゴリラの倒し方

私たちって、他人の幸せ自慢っぽいものに対する沸点が
すごく低いよね、って最近よく思う。

「私はハイブランドのバッグをたくさん持ってて〜」
「私の夫の収入が 1,000 万円を超えてて〜」
「僕はこう見えても実は医者で〜」
「朝起きたら、フォロワーが 3,000 人超えてました！」

こういうこと、本人は本気でうれしくて
書いてるのかもしれないけれど、
見ててなんだかイライラしちゃうこと、あるでしょ？

「マウント取られた！」って思ったりもしてね。

そういう人を見たら、私はいつも心の中でこうつぶやくの。

「で、私の取り分は？」

第 5 章　幸せになるために、自分が自分でできること　199

よく本とかで、
「マウンティングされても、スルーしよう」
「マウンティングしてくる人は
自分に自信がない人だと思って温かく見守って」
とか書いてあるけど、

そんなの無理でしょ！

だから、もう一回言うね。
マウントを取ってくる人を見たら、こうつぶやいて。

「で、私の取り分は？」

ここで言う取り分っていうのは、

自分のためになるもの。

物でも知識でも、愛情でもなんでも
いいんだ。

自慢話やマウンティングには
驚くほど取り分が一切ないの！

むしろ「すごいねぇ〜」って
私たちが与えないといけないくらいで。

もし、あなたに取り分があるんだったら、
それはマウンティングじゃない。

あなたに幸せを分け与えてくれる、素晴らしい人。
その人のことは、絶対に大切にしてほしいな。

だけどそうじゃないなら、そんな人は無視無視！
その人のことで悩んでいても、
あなたに良いことなんて何もないんだから。

第5章 幸せになるために、自分が自分でできること　201

とんでもないところに
アイデアは落ちている。

一見役に立たなそうな経験や知識って、

「嘘でしょ!?　こんなところで!?」
っていうシーンで
いきなり輝き出したりするの。

道歩く時もただぼーっと歩くんじゃなくて、
この店の名前ってなんでカタカナなんだろうとか、
なんでこの家って壁が黄色なんだろうとかさ。

どうでもいいことにも
好奇心や興味を持つの
大事だと思うんだ。

これは私の持論だけど、

好奇心が旺盛な人って**創造力が豊か**で、

物事を多角的な視点で見ている気がする。

この創造力が積み重なっているから、
人はそういう人のことを才能があるとか
天才とか言うのかなって。

だから好奇心って
挑戦や成長の種みたいなもの。

創造力豊かな人と話してると、
物事を様々な視点から捉えているから、
誹謗中傷とかしないんじゃないかな。

一方で、創造することをしていない人は
視野が狭くなって知識も偏るから、
物事を否定的に見てしまいがちな気がする。

私が高校卒業して
本気でDJや曲を作ってたのも
ただの好奇心。

DJって会場の雰囲気を見ながら、
「ここでこの曲を選択して、
ここでつなげたらお客さんのテンションが上がりそうだな」
って考えてプレイしていくの。

それが巡り巡って今では動画制作でものすごく役立ってる。

SNSの動画の脚本、構成、編集
すべて私が考えてるんだけどね、
この演技にはこのテンポのあのジャンルの曲だなとか、
ここは無音にしようとか。
あとは動きに音をはめるとかさ。

すべて音楽をバカみたいに全力でしていた時のおかげ。
本当に、「そこでこの経験が活きるのか！」っ
て思ってるよ。

第5章　幸せになるために、自分が自分でできること　　**205**

今の時代って本当に選択肢がたくさんあるよね。
好きなものしか見ない・やらないっていう、
極端なことも簡単にできちゃう。

でもね
視野を広げて、
いろんな物事に興味を持ってほしい。

「こんなことして何になるの？」
って思うことにも
どんどん挑戦してほしい。

だってその挑戦をしなければ
その期間私たちは何もしないのよずっとw

それなら、やってみなよ。
それがいつか、あなたの人生を
大きく変えてくれるかもしれないよ。

第6章
仲間に出会う発信論

「無関心」は最大の壁。

興味を持って
もらえなければ、
好きにもなってもらえない。

「好きなもの」「嫌いなもの」ってパッと答えられるけど、
「関心がないもの」を聞かれても、即答できないよね。

つまり、**好きの反対は嫌いじゃなくて、**
「無関心」 なんだよね。
嫌いって思うのは、
そのもの・ことを意識しているのと同じだから。
むしろ、好きと嫌いはけっこう似ているんだよ。

これって、情報発信でも言えると思うんだ。

まずは興味や関心を持ってもらわないと、
好きとか嫌いとか、
そういうレベルには到達できない。

私がSNSで発信するときに一番意識しているのは、
「私のことなんて誰も知らない、興味がない」ってこと。

特に歯のことなんて
リビングでくつろいでる時に聞きたくもないトピック。
だからこそ興味を持ってもらえるよう試行錯誤してる感じ。
歯医者が怖いなら、真逆のことやろうってね！

これは私自身の話なんだけど、
最近相撲にハマってて。

半年前まで、相撲なんてまったく興味がなかったの。
それが変わったのは、ある日偶然 YouTube で
お相撲さんのモーニングルーティン動画を観たから。

巨体の力士たちの寝起きの姿とか、
普段の練習風景や、オフの表情、
お料理を作る様子に思わず引き込まれちゃって。
いつの間にか、本場所をリアルタイムで
観戦するまでになってたの！

これって、「相撲」を好きになったんじゃない。
力士たちの、人間らしい姿に心を奪われたんだと思う。

歯医者さんの世界だってそう。
素晴らしい知識や技術があっても、
みんなに届かなければ意味がない。

狭い歯科業界だけに影響力があっても仕方ない。
それが広い世界に届いてこそ価値がある。

だから私は、歯科医師である前に、
一人の人間として発信することを
大切にしているの。

難しい専門用語を並べるんじゃなくて、
等身大の自分をそのまま見せる。

最近では、
SNS が集客や求人のツールになると期待して、
コンサル会社にお金を払ってる医療機関も
すごく増えてきている。

バズるためのコツとか、動画編集をしてもらったりね。

でも私からしたら

視聴者なめるなよ？

って感じ w

ショート動画が流行りだした 2019 年くらいならまだしも、
現在は観る側の目も肥えてきて
小手先のテクニックなんかじゃ届かない。

1本の動画の背景には、「ヒト」が必ずいる。

届けたい気持ちや想いがね！

人はね、人に興味を持つもの。
人間らしさに、「良いな」と思うもの。

だから、まずは人としてのあなたに興味を持ってもらおう。
思い切って、自分らしさを見せてみよう。
それが、誰かの「無関心」を
「興味」に変えるきっかけになるかも。

見た人が
笑顔になるか？

今って、インフルエンサーって
呼ばれる人たちがたくさんいるよね。

発信している内容も、美容にグルメに、
暴露系みたいなものまで。
きっと、そのような影響力がある存在に
なりたい人も多いと思う。

でも本当の意味で、
視聴者の思考や行動に影響を与えられる
インフルエンサーって少ないんじゃないかな。

これは私の持論だけど、
発信するときに大切なのは、
「受け取る側のことをどれだけ
考えられるか」
だと思ってて。

自分で言うのもちょっとおかしいかもしれないんだけど、
私の SNS アカウントってどれもすごく伸びてて。
大した理由はないけど、
それは見た人がどんな気持ちになるかを
考えて撮影してるからかなって思ってる。

とにかく、見た人がクスッと笑える、笑顔になることを意識してるの。

「自分のクリニックの集客のために」とか、
「求人のために」って思ってやってないの。

動画を観てクリニックに来てくれる患者さんとか、
一緒に働きたいって応募してくれる
歯科衛生士の子はたくさんいるけど、
それは狙ってやってるわけじゃない。

みんなが笑顔になる動画を作り続けていたら、
だんだんそういう患者さんや
スタッフが増えてきたってだけ。

過激な動画をアップして、
一時的に注目を集めるインフルエンサーはいる。
炎上商法なんてものもあるもんね。

だけど、それで**動画を観た人**を **幸せにできると思う？**

確かに一時的にフォロワーが増えるかもしれないけれど、
それじゃ絶対に長くは続かないの。

発信が誰でも手軽にできる時代だからこそ、
受け取る側の気持ちを意識するのはマストだね！

思ってることが
半分伝われば最高!

現代は価値観がとてつもなく多様化している時代。

自分の気持ちなんて、
50％でもわかって
もらえたら奇跡だ！

って考えておいたほうがいいと思う。

情報の速度が昔とは違いすぎるんだよね。
だから思っていることを伝えて
すべての人に共感してもらったり、
好きになってもらったりするのってほぼ不可能なの。

私だってそう。

私の動画や容姿を見て

全員が共感するなんて

はなから思ってないの。

むしろ、「なんだこいつは！」って感じる人のほうが
多数派かも。

でも今の時代、

それぐらいで

ちょうどいいかなって。

だから、あなたが何か発信したときに
フォロワーや世間の人たちに思うように伝わらなくても、
「どうしてわかってくれないんだろう？」
なんて気に病む必要はないよ。

必ず共感してくれる人がいるから。
伝わったほうの人を
大事にしてあげて！

言葉の持つ重みは、
予想以上。

選び方・言い方・書き方
すべてに目を向けて!

言葉ってすごく不思議で、
同じ単語でも言い方とか、使い方がちょっと変わると
印象も急に変わるんだよね。

「大丈夫」っていう言葉、あるでしょ？
これってさ、

1．真剣な声で「大丈夫!?」って言う
2．明るい声で「大丈夫、大丈夫！」って言う
3．語尾を上げながら「大丈夫ぅ〜〜？」って言う

の3つだと、全部違った印象になると思わない？

もし今、あなたが何か失敗して焦ってるとしたら、
どの「大丈夫」を言ってほしい？

たぶん、1．か2．だよね。
3．は、ただでさえ焦ってるのに
さらに焦っちゃいそうでしょ。

これ、実は院長の実体験なの。
一緒に食事に行った友達がうっかり、
グラスを落として割っちゃったのね。

そのとき、つい3．みたいに
「大丈夫ぅ〜〜？」って言っちゃったんだけど、
そうしたら「焦らせないでよ！」って
半分キレられちゃったんだ。

その時の院長は本当に心配する気持ちで言ったんだけど、
言い方が良くなかったんだよね。
むしろ友達をさらに焦らせちゃってたの。

そして言葉の選び方、言い方なんかより
もっと大事なのは、

伝える相手との関係性。

考え抜かれた崇高な言葉より、

たった一言の

「ありがとう」「頑張れよ」

が響くことは往々にしてある。

あなたの尊敬する人からの一言、
愛する人からの一言、
去っていった人からの一言。
理屈抜きで伝わる言葉は確かに存在する。

あなたの使う言葉は人を幸せにもできるし、
傷つけることもできるんだから。

手放して楽になる。

そして
もう1回だけ考える。

「**全力でやる**」って、
言うほど簡単じゃないよね。

だって、全力で挑戦して失敗したら恥ずかしい。
中途半端にやって失敗したほうが、まだ言い訳できるもの。

でもね、そういう「**言い訳**」って、
結局は**自分の可能性の芽を**
自分で摘んでしまうことなんだ。

今の時代みんな、何者かになりたくてさ。
SNSで発信してファンやフォロワーを増やしたいって、
思ってる人のほうが多いんじゃないかな。

けど、その経過を見てると、
みんな同じところで諦めちゃうんだよね。

動画が5回連続で伸びないと、半分の人が諦める。
10回連続で伸びないと、9割の人が諦めちゃう。
11本目で、大きく羽ばたく可能性があるのにね。

SNSって特に難しいの。
フォロワー数も、いいね数も、再生回数も、
全部が数字で見えちゃう。
だから余計に、「これ以上失敗したらカッコ悪い」って
思っちゃうんだよね。

でも、実際に成功した人たちって、
みんなその「11本目」を投稿できた人たち。

野望でも、根拠のない自信でもいい。

全力でやり続けることが怖くなくなったとき、
人は大きく変われるの。

もし11本目を上げる前にしんどくなったら、

諦めちゃう前に
1回投げ出しちゃおう。

かなり気軽に、
「やーめた」しちゃおう！

そして
「あれ、私
なんのために挑戦してるんだっけ？」
って振り返るの。

そこでその答えが見つかれば
あなたはまた11本目に挑戦できる。

もし無理ならやめてもいいんだ。

成功してる人たちの、名言を読んでると、
自分とは次元が違うって感じるかもだけど、
彼らも挫折や失敗を多く経験してる。

たまたま（ここ大事）、たまたま成功したから
いい言葉に聞こえるだけだと思うんだよね。

**挑戦やめて後悔より、
挑戦して大バズ**（ただし何回も挫折します）
くらいのマインドセットでいこう。

第6章　仲間に出会う発信論　229

もうこりごり！

映えなんかなくても、
あなたは美しいもの。

SNSで高級なブランド品、食事、家、あとは人間関係とかさ、
きらびやかな世界を投稿して、映え投稿するのって、
江戸時代くらいの投稿だなって思ってしまうよね。

昔は私もまさにそんな感じ。
やってる時は別に承認欲求を満たそうとか
思ってるわけじゃないんだよね！
でも深層心理にはどこか自慢したい気持ちもあるんだと思う。

私の仲良い友人が未だかつてSNSを一切やったことがなくて。
それでも何不自由なく今に至るまで生活してるの。
インスタ映え時代にも当然彼は一切やってないから、
人と自分の暮らしを比較することなく、
自由に生きている印象だった。

インスタ映え全盛期には、
「こんな綺麗な物や場所があるんだ」とかさ、
他人の暮らしを覗き見るような感じで
楽しかった人もたくさんいると思う。

でも、自分と比較して、見栄を張って、
苦しんでしまったりもしたよね。

もし SNS を利用して今後何か自分の考えを届けたい、
ビジネスをしたい、フォロワーを増やしたい、
という人がいたら、
これだけは覚えといてね！

自分のためだけの
SNS 発信は
今後絶対に難しくなる。

人気者になりたい、注目を浴びたいとか
自分にベクトルが向いてる限りはね。

反対に、

世の中に向けて発信してる
アカウントは伸びる可能性があると思う。

だって全然知らない「あなた誰よ」っていう
アカウントがおすすめに出てきて、
「ご来院お待ちしてます！」ってどんな笑顔で言われても
行かなくない？

無意識だったけど確かに私のアカウントって
「来てください」とかって言ったことなくて、
むしろうちには来なくていいってよく言ってる。

私たちの会社ってプロジェクトが
「日本中の歯医者嫌いをなくそう」だから、
どこの歯医者に行ってもらっても構わないの。

ただ正しい知識を持ち、騙されたりとかしないために、
カッコよく言えば啓蒙してるって感じかな。

第6章　仲間に出会う発信論　233

あとは歯とかまったく関係ないけど、

人生って
捨てたもんじゃないって
伝えたい。

ロン毛で、派手で、
いつもどこかふざけている。

そんな社会の常識とは外れた見た目で
コンプレックスだらけの私だけど、
全力で人を笑顔にさせ続けたら、
ちょっと自分を愛せたんだ。

第6章 仲間に出会う発信論

おわりに

はい、どうも院長です！
ここまで読んでくれてほんとありがとうございました！
この本の話をKADOKAWAさんからいただいた時、
え？　詐欺？　空耳？　しかも歯の話とか健康の話じゃなく、院長
自身の話!?　って驚愕したのが第一印象でした。

過去の経験、現在、これから訪れる未来を考えながら、
自分らしさを探す空想の旅に出たこの数ヵ月間の執筆期間。

至った結論。

「自分らしさ」なんてないってこと。

だって俳優さんがドラマや映画ごとに、
性格や雰囲気が変化するように、
私たちも、年々変化するし、
相手によって様々な自分を演じるもの。
人生という大きなドラマの中でね。

院長は今シーズン２エピソード８くらいを絶賛熱演中。

別に昔から「変だね」「変わり者」とかって言葉は嫌いじゃなくて。
だって個性的な感じでカッコいいじゃん。って思っていた。
でも実際は、ただ承認欲求が高くて
周りと自分は違うぜって、映えを気にして生きていただけなんだ。

私が変わったのは、本に書かれた偉人の一言でもなく、
マインドコーチの一言でもなく、

日々のみんなからのコメントやDMの言葉。

だってコメント全読みする人ですもの私。

「つらいことだらけだけど院長の動画で久しぶりに笑えました」
日々頂くたくさんのありがとうの感謝の言葉。

こちらこそありがとう、って感じで。

人生喜ば関ヶ原じゃないけどさ、
私も、これからもみんなにラブアンドピースお届けしなきゃ
って原動力になる。

今の院長をつくってくれたのはみんななんだ。
自分の映えより、みんなの心が晴れになればって
心から思えるようになった。

ここ数年間、全力でカメラを回し続けてて、
普通の歯医者さんなら絶対にしないであろう
表情や動き、表現。

始めた頃は、ファンと呼べる人なんて誰もいなくて。

でも今は応援してくれる方たちがたくさんいる。

おわりに　　237

そんな現在でも「自分らしさ」なんてよくわからないけど、

全力でふざけて、
みんなを笑顔にする変な人、
それが今の自分らしさなのかなって。

最後にこの本に関わってくれたすべての皆様、
KADOKAWA の編集者様、
お口プラスの仲間、相方、動画制作チーム、家族、妻、

心からの感謝を込めて。
ありがとうございました。

そしていち歯医者が歯の話じゃなく、
生き方について語れたのはみんなのおかげだ。
ありがとう。

もう本も出版したし、
歯医者の仕事もあるし SNS 発信はひとまず終了？

まさか、大丈夫だ。

院長はこれからも、
カメラを回しながら夜道を爆走する。

みんな愛してるぜ！

稲葉　将太（いなば　しょうた）

2021年6月に一般社団法人お口プラスを設立。
歯科医師、タレントとして様々なメディアで活躍中。「歌舞伎町のホスト過ぎる歯科医師」としてSNS上で注目されニュース番組からお笑い番組まで数多く出演。TikTok、YouTubeなどのSNSでは、クリニックを舞台に繰り広げられる院長の独特な世界観がバズを連発し、フォロワーも100万人を突破中！(2025年2月現在)

YouTube：@long_hair_dentist
Instagram：@inaba_incho_longe
TikTok：@shota_inaba

「変だね」はホメ言葉
自分にかけた呪いの解き方

2025 年 3 月 26 日　初版発行

著者／稲葉　将太

発行者／山下　直久

発行／株式会社 KADOKAWA
〒 102-8177　東京都千代田区富士見 2-13-3
電話 0570-002-301（ナビダイヤル）

印刷所／ TOPPAN クロレ株式会社

製本所／ TOPPAN クロレ株式会社

本書の無断複製（コピー、スキャン、デジタル化等）並びに
無断複製物の譲渡および配信は、著作権法上での例外を除き禁じられています。
また、本書を代行業者等の第三者に依頼して複製する行為は、
たとえ個人や家庭内での利用であっても一切認められておりません。

●お問い合わせ
https://www.kadokawa.co.jp/（「お問い合わせ」へお進みください）
※内容によっては、お答えできない場合があります。
※サポートは日本国内のみとさせていただきます。
※ Japanese text only

定価はカバーに表示してあります。

©Shota Inaba 2025　Printed in Japan
ISBN 978-4-04-607148-4　C0095